Você Livre!

Erika Grothge Faria

Você Livre!

Aliança

1ª edição, Janeiro/2016, do 1º ao 3º milheiro.

Título
Você Livre!

Autora
Erika Grothge Faria

Revisor
Gitânio Fortes

Diagramação
Ariane Haas Franco

Capa
Ariane Haas Franco

Impressão
Rettec Artes Gráficas e Editora Ltda

Ficha Catalográfica

Dados Internacionais de Catalogação na Publicação (CIP)
(Câmara Brasileira do Livro, SP, Brasil)

Faria, Erika Grothge
Você livre! / Erika Grothge Faria. --
São Paulo : Editora Aliança, 2015.

ISBN 978-85-8364-026-4

1.Conduta de vida 2. Deus 3.Mensagens
4.Reflexões I.Título

15-11173 CDD-133.901

Índice para catálogo sistemático

1. Conduta de Vida: Reflexões: Doutrina Espírita 133.901

Editora Aliança
Rua Major Diogo, 511 - Bela Vista - São Paulo - SP
CEP 01324-001 | Tel.:(11) 2105-2600
www.editoraalianca.com.br | editora@editoraalianca.com.br

Sumário

A Missão

Lembremos Maria quando visitada pelo anjo Gabriel, avisando-a que seria a mãe de Jesus. Ela prontamente responde: "Pai, eis aqui a Tua serva, faze conforme a Tua vontade".

Lembremos também de Paulo no caminho de Damasco, cego diante da visão radiante de Jesus. Após compreender de quem se tratava, pergunta ao Mestre: "Que queres que eu faça?"

Belíssimas passagens nos dando o exemplo de quem responde ao chamado e cumpre a sua missão.

E nós? Não esperemos uma visão grandiosa para começarmos a nossa missão, pois ela não ocorrerá.

Porém, diariamente, somos chamados a servir: percebamos o Mestre Jesus a nos chamar em cada necessitado que encontramos no lar, no trabalho, na rua, na casa religiosa. Ele não está distante, nos céus, mas, sim, nos envolvendo com seu abraço, esperando que digamos: "Sim, eis aqui a tua serva, eis aqui o teu servo".

Dessa forma, o Mestre poderá usar os nossos braços para abraçar, a nossa boca para falar, seremos instrumentos do seu amor, ele estará sempre junto de nós.

Sigamos confiantes, firmes, decididos para a nossa missão: servos do amor do nosso Criador!

Os Sentidos

Obrigado, Pai, por ver!
Obrigado, Pai, por ouvir!
Obrigado, Pai, por falar!

Ver, ouvir, falar!

Como é bom poder ver o mundo que nos cerca, mas, melhor ainda, é saber ver a luz e o bem que há em tudo!

Como é bom poder ouvir, mas, melhor ainda, é saber fechar nossos ouvidos a toda calúnia, a toda notícia deprimente, a toda maldade!

Como é bom poder falar, mas, melhor ainda, é saber calar a palavra maledicente, o verbo lamurioso e, quando falar, seja para edificar, para expressar algo bom e útil!

Nossos sentidos fazem a nossa interação com o mundo: que eles sejam usados como ferramentas da nossa evolução e não como instrumentos da nossa queda!

Que o Nosso Dever Seja o Nosso Querer!

Devemos praticar o bem, trabalhar, mas ainda queremos a indecisão, o comodismo, a ociosidade.

Devemos edificar com a palavra, mas ainda queremos reclamar, fofocar, criticar.

Devemos amar, mas ainda queremos nos melindrar, nos indispor com os nossos companheiros.

Só há uma solução para isso: a reforma íntima!

Conhecendo-nos, nos melhorando, iremos sintonizando o nosso desejo com a vontade do Pai e, então, o nosso querer será o nosso dever, não mais com obrigatoriedade e imposições, mas, sim, com prazer.

Será da nossa vontade cumprir com o dever de amar a Deus, amar ao próximo e amar a nós mesmos, e essa sintonia com o Pai nos trará felicidade e paz!

Sorriso

Que a imagem da face sorridente fique impressa em nossos semblantes!

Não mais o rosto sisudo como símbolo da seriedade!

Seriedade é realizarmos nossas ações com dedicação e amor, e sempre, sempre, com um sorriso nos lábios.

Sorria! Pois isso só fará bem a quem estiver em sua companhia!

O Lar

Estamos reunidos sob o mesmo teto.

Compartilhamos o pão.

Seguimos juntos a rotina da semana.

Enfrentamos as dificuldades materiais que surgem.

Mas, às vezes, caminhamos em paralelo, como linhas que não se interceptam: nossos olhares não se cruzam, nossas mãos não se tocam, nossos corações não se unem, nossas auras não se entrelaçam.

Estamos próximos e ao mesmo tempo tão distantes espiritualmente.

Nosso lar se tornou somente um local de encontro de corpos exaustos, cada um envolto apenas com as suas atividades, com seus pensamentos, com seu celular ou com seu computador.

Esquecemos que o lar é o local de reencontro de espíritos imortais, onde a Misericórdia Divina nos situou para nos auxiliarmos mutuamente a evoluir.

Aproveitemos a bênção de estarmos juntos, nos unindo de corpo e alma, dialogando, enfrentando juntos os problemas, nos abraçando, nos ajudando e, principalmente, nos respeitando e nos amando.

Temos muitas missões na vida, trabalhos a executar, obras pequenas ou grandes, mas saibamos que uma das nossas principais realizações é transformar o nosso lar em um ambiente repleto de amor. Problemas e dificuldades podem surgir? Sim, pois ninguém está isento disso. Mesmo assim, que no lar todos se sintam amparados, com possibilidade de crescer com união, crescer unidos em torno do bem, em paz e harmonia.

Evangelho no Lar

Reunir a família toda semana para ler o evangelho! Hábito salutar recomendado a todos!

Mas não façamos disso somente um hábito, uma parte da nossa rotina!

Seu significado é tão mais amplo!

Que a nossa família se reúna em torno do evangelho, mas que entrelacemos os corações em torno da sua mensagem, que vivamos no dia a dia as lições de bondade, de perdão, de paciência, de respeito e, principalmente, o seu maior ensinamento: a vivência do amor.

Isso trará à nossa família a harmonia. Isso trará a cada um de nós a paz, a felicidade de uma consciência tranquila, o que também ampliará nossa força para enfrentar as dificuldades do cotidiano.

Jesus visita o nosso lar através do evangelho. O Mestre acalma e fortalece os nossos corações através das suas palavras de amor.

Vamos abrir as portas do nosso lar, vamos abrir as portas do nosso coração a esse amor infinito!

Entregue a Vida a Deus

Pela preocupação excessiva com o corpo que irá perecer, você deixa de o bem fazer!

Entregue-se a Deus confiante, pois a sua vida a Ele pertence e Ele pode retirá-la quando Lhe aprouver. Portanto, pare de pensar tanto nos males que podem afligir a você e pense mais no bem que pode fazer em muitas situações para que, no instante inesperado da partida, você possa dizer: "Cumpri minha missão, vou em paz, meu Pai Amado!".

A Divindade Mãe

Mãe Natureza, Mãe Terra, Mãe que dá a vida, Mãe que nutre, Mãe que defende dos perigos, Mãe que salva das feras, Mãe que nos agasalha no colo e derrama leite em nossos lábios!

Já pensamos que a Divindade que nos criou, que aprendemos a chamar de Pai, que sabemos ser amoroso, mas que, ainda assim, causa um pouco de receio, pois foi-nos ensinado a temê-Lo e respeitá-Lo, é também essa Mãe Bendita?

Mãe que jamais deixará de amar o seu rebento! Que jamais irá desampará-lo! Que o ensina para que ele caminhe com seus próprios passos, mas que sempre estende as mãos para auxiliá-lo.

Deixemo-nos cuidar e amar por essa Divindade que é nosso Pai e nossa Mãe. A exemplo de pais amorosos, só querem o nosso bem!

O Trabalho de Vibrar

Que todo ser vivente, em todas as dimensões, se sinta ditoso, tocado pelo amor!

Que toda a criação seja envolvida nessa energia amorosa!

Que todos os espíritos ligados ao nosso orbe se sintam amados e tocados pela Luz Divina, principalmente aqueles que podem influenciar o destino de outros!

Que todos os irmãos que sofrem dores físicas sintam as energias amorosas a lhes percorrer o corpo físico e lhes fortalecer!

Que todos que enfrentam dores morais, dificuldades no lar, sintam a paz a lhes acalmar!

Que todos os que sentem o medo a lhes oprimir o peito percebam a força a lhes percorrer e comecem a caminhar sem nada a temer!

Que toda dor seja tocada pelo amor!

Que todo sofrimento receba o refazimento!

Que cada irmão toque o coração de seu irmão com toda a sua emoção, nessa corrente de vibração!

O Acolhimento – Trabalho com Crianças

Lembremos a passagem do evangelho em que os apóstolos não queriam deixar as criancinhas se achegarem a Jesus e ao que o Mestre responde: "Deixai vir a mim os pequeninos, pois é deles o Reino dos Céus".

Assim, as acolhia em seu colo, deixando-as recostar suas cabecinhas em seu peito, deixando-as sentir todo o seu amor por elas, toda a sua felicidade em estar com elas, todo o seu acolhimento.

Nós, também, sigamos o seu exemplo e acolhamos os pequeninos, pois eles são, na verdade, espíritos imortais iniciando mais uma etapa de sua jornada, com suas provas e expiações; carentes, portanto, do nosso amor, da nossa alegria, do nosso amparo.

Recebamos as criancinhas, não somente nossos filhinhos ou netinhos, mas todas as que interceptam o nosso caminho, fazendo-as notar toda a alegria que sentimos por estar com elas, fazendo-as sentir todo o amor que sentimos por elas, fazendo-as perceber todo o nosso acolhimento.

Vibração pelos Jovens

Que todos os jovens, nesse início de existência que se desabrocha em flor, compreendam o real sentido da palavra amor.

Amor por si próprios que os afasta de tudo o que corrompe o ser: drogas, alcoolismo, prostituição, busca alucinada por prazeres mundanos.

Amor pela família que os faz viver em paz dentro de seus próprios lares.

Amor pela pátria que os faz estudar, trabalhar, crescer, cientes dos deveres de cidadão, sem buscar a violência como solução.

Amor por Jesus que os faz seguir seus passos.

Amor a Deus que os faz se sentirem filhos amados e felizes.

Assim, iniciam uma nova existência guiados pelo único meio certo do sucesso nessa jornada: o AMOR.

Vida Eterna, Imortalidade do Espírito

Envolvamos em amor todos aqueles que vivem presos em meio à dor do materialismo que os faz enxergar somente a vida física.

Acreditam na existência apenas do corpo, ignorando a presença do espírito imortal e indestrutível.

Passam pela vida num afã pelas conquistas materiais como se, somente elas, pudessem lhes dar a felicidade.

Dizem crer em Deus, mas ignoram que Ele é a vida eterna pulsante em si próprios. Temerosos, aguardam o julgamento de um Todo-Poderoso vingativo que não existe.

Como é dolorido o despertar daqueles que são materialistas e desconhecem a eternidade da vida, a imortalidade do espírito!

Como esses irmãos necessitam do nosso auxílio, do nosso amor!

Como essa dor desaparece ao toque suave do amor, que faz com que percebam a realidade do espírito e sintam todo o amor do nosso Pai, que lhes chega através das nossas vibrações amorosas.

A Fé

Ter fé significa acreditar. Seguimos vida afora, afirmando "eu tenho fé em Deus, eu acredito em Deus". Dali a pouco, ao virarmos a esquina e esbarrarmos em uma dificuldade qualquer, nos amedrontamos, nos deixamos levar pelo pessimismo, crentes de que não seremos capazes de superar o obstáculo que surgiu em nosso caminho.

Na verdade, não acreditamos que a vida possa nos dar a vitória, o melhor, porque, consciente ou inconscientemente, sabemos que não damos o melhor de nós para a vida e, nesse encadeamento, nossas expectativas são sempre negativas.

Vamos fazer o que nos cabe com dedicação e boa vontade, dando realmente o melhor de nós, fazendo tudo o que podemos de verdade, tranquilizando nossa consciência, cientes de que cumprimos o nosso dever, de que desenvolvemos os nossos potenciais plenamente. Essa consciência tranquila fará com que esperemos pelo melhor da vida, fará com que acreditemos que a vida sempre nos trará o melhor.

Como Deus é vida, estaremos de verdade, e não só com palavras, acreditando Nele!

Medo

O amor acaba com todo temor!

Quanto mais nos instruímos e compreendemos os fenômenos que ocorrem à nossa volta, mais iremos perdendo o medo do desconhecido.

Somente deixaremos de ser tão temerosos, porém, quando formos verdadeiramente humildes.

Aquele que tem uma excessiva preocupação com a sua personalidade teme constantemente os atentados que ela possa sofrer. É dominado pelo ego, sentindo-se vulnerável, pois a todo instante acredita que algo ou alguém possa ameaçá-lo.

O humilde, ao contrário, sem preocupações com a sua personalidade, se entrega confiante ao Criador como ferramenta a ser utilizada na obra maior. Nessa sintonia, sente o amor que acaba com todo temor!

Estresse

Pai, Você nos criou, Você nos deu o mundo em que habitamos, Você criou as leis que nos regem e conduzem os nossos destinos, Você criou todos os seres à nossa volta.

Sua energia vibrante pulsa em toda a Sua criação!

Muitas vezes, porém, nos sentimos abatidos, sem forças para enfrentar as tribulações, desanimados ou, como se diz na atualidade, estressados.

Estar sob estresse é estar sob pressão, deixando que as ocorrências externas ou, ainda, as preocupações internas exerçam tanta força sobre nós que nossas energias se esvaem e passamos a sentir o mal-estar físico, mental e emocional decorrentes dessa falta de energia vital.

Ah, Pai, se lembrássemos de orar ou somente de fazer uma conexão mental com Você, mesmo que breve, sentiríamos que Sua força continua ali, pulsando, vibrando em Sua criação. Somos nós que bloqueamos esse fluxo!

Entreguemo-nos ao calor do Sol, ao frescor da água, ao ar que respiramos repleto de fluido cósmico universal. Sintamos que ele entra em nosso corpo e se distribui através da corrente sanguínea, energizando cada célula do nosso corpo.

Que não mais nos dobremos sob o peso do estresse, desfalecidos, mas sintamos a leveza do Seu amor, Pai, a nos vivificar!

Autocontrole

Quanto há para aprender sobre o mundo à nossa volta!

Conhecer a natureza e seus fenômenos, aprender a história do nosso mundo e de toda a humanidade!

Aproveitemos as oportunidades que nos são dadas para adquirir conhecimentos. Procuremos ler, estudar, que isso só nos auxiliará a crescer.

Por mais importante que o conhecimento do mundo ao nosso redor seja, é-nos imprescindível, porém, o conhecimento do nosso mundo interior.

Ler nas entrelinhas o que está escrito em nosso íntimo.

Estudar em detalhe os fenômenos que aí ocorrem, o que sentimos, o que pensamos, cada um de nós se autoconhecendo.

Com esse conhecimento interior, iremos desenvolvendo um autocontrole. Não mais a necessidade de dominar as situações, as pessoas, o país, o mundo, pois teremos um controle sobre nossas reações diante de tudo isso.

Deixaremos de querer dominar o mundo exterior, pois teremos autocontrole sobre o nosso mundo interior.

Desânimo

Paulo afirmou em uma de suas epístolas: "Quando há em mim o desejo de o bem fazer, o mal ainda prevalece". E, mesmo reconhecendo suas fraquezas, sua luta interior, trabalhou incessantemente, cumprindo com coragem a sua missão.

É claro que nós também desejamos ver o nosso mundo transformado, que desejamos nos transformar, ver o nosso coração como um jardim repleto de flores de bons sentimentos.

Em nosso dia a dia, porém, nos deixamos levar pelo orgulho e pelo egoísmo que ainda habitam em nosso coração. Por isso, sentimos intolerância, impaciência e irritação diante das atitudes do nosso próximo.

Essas situações podem nos deixar desanimados, por supormos que não seremos capazes de realizar a nossa transformação de um modo efetivo.

Não, não pensemos assim! Façamos como Paulo e, apesar das falhas, continuemos a trabalhar no bem, pois essa atividade nos fornece as energias sutis que irão fortalecer a nossa vontade em agir de modo diverso.

Sem desânimos diante das quedas, trabalhemos no bem com todo o vigor!

A Transformação

Os mentores e guardiões do nosso orbe trabalham incessantemente em sua transformação, que está se processando mais rapidamente do que imaginamos.

E nós? Será que também estamos trabalhando em nossa transformação ou estamos protelando, supondo que ainda teremos muito tempo ao nosso dispor, que ainda teremos muitas oportunidades pela frente?

É claro que o Pai nos dá infinitas oportunidades, mas a nossa hora é chegada. Urge aproveitarmos e nos transformarmos em ferramentas do amor do Pai, manifestando os potenciais que Ele nos concedeu.

Coragem, sigamos avante!

Levando a Sua luz para aqueles que vivem em meio às trevas!

Levando o Seu amor para aqueles que se encontram presos ao ódio!

Levando a Sua coragem para os que se fecham perdidos em seus medos!

Levando a Sua força para os enfraquecidos pela dor!

Chega de protelarmos! Façamos a nossa parte na transformação planetária, sigamos confiantes avante!

Nesta jornada evolutiva, oh, Pai, nos transformaremos em instrumentos do Seu amor!

A Renovação da Face da Terra

Guerras, fome, epidemias, violência, injustiças, corrupção, miséria, ignorância. Sim, a face do nosso planeta está conturbada e triste.

Quando o espírito de amor do Pai Criador habitar entre os homens, porém, a face da Terra será renovada.

A guerra será substituída pela fraternidade.

A fome será saciada.

A doença será curada.

A violência será aplacada.

A injustiça não mais existirá, pois todos compreenderemos que há direitos garantidos e deveres a cumprir.

A corrupção desaparecerá então, pois não haverá coração que se queira achar à parte diante de tanta harmonia reinante.

A fraternidade que acabará com a guerra acabará também com a miséria, pois todos os irmãos se auxiliarão.

O prazer pelo saber varrerá toda a ignorância do nosso planeta.

Um sonho distante?

Não!

Uma realidade ao nosso alcance!

Deixemos que o espírito de amor habite em nosso coração e façamos a nossa parte.

Não posso acabar com a guerra num país distante, mas posso parar de guerrear com os meus próximos, muitas vezes, por motivos banais.

Não posso acabar com a fome e as epidemias que assolam outro continente, mas posso saciar e auxiliar aqueles que se encontram carentes ao meu lado.

Não posso acabar com as injustiças sociais, não posso fazer com que todos os políticos sejam honestos, mas posso ser justo e correto no meu ganha-pão.

Não posso ensinar a todos que ignoram os conhecimentos, sejam intelectuais, sejam morais, mas posso educar com meu exemplo edificante a quem me observar os passos.

Posso falar também sobre aquilo que já aprendi com o prazer daquele que derrama água fresca no companheiro sedento, pois também sabe o que é ter sede.

Em cada posição em que nos encontramos, somos capazes de irradiar amor e transformar a face do planeta Terra.

Busquemos esse espírito de amor em nós e, realmente, a nossa face será renovada, a face da Terra será transformada!

Insegurança

Às vezes sinto a insegurança diante daquilo que para mim é desconhecido.

Mas não devo ser inseguro, pois, na verdade, sou imortal e indestrutível.

Confiante, pelo meu Criador sou envolvido!

O Sangue de Jesus

O sangue de Jesus tem poder!

Costumamos dizer a fim de nos proteger.
Sim, o sangue de Jesus tem poder,
pois ele nos fez aprender
o amor como a maior instrução,
trazendo, para a dor, a solução!

É seu irmão o ser bondoso; é seu irmão o ser maldoso.
É seu irmão o ser belo; é seu irmão o ser que manqueja.
É seu irmão o ser alegre; é seu irmão o ser triste.

Ambos foram criados pelo mesmo amor do Pai!

São seus irmãos o Sol, a Lua, o mar; são seus irmãos o vulcão, o pântano fétido.

É seu irmão o pássaro que cruza o céu ao vento; é seu irmão o bicho peçonhento.

Compreendamos que tudo e todos nós somos criações do amor do Pai, irmãos, portanto.

Tendo essa compreensão amorosa que nada mais é que compaixão, viveremos confiantes, pois agiremos, falaremos, sentiremos, enfim, estaremos entre irmãos!

Confiança Vem da Perseverança

Quem nesta vida
procura o bem fazer
não há nada
que possa temer!
Para erradicar o
medo de seu coração,
pratique o bem
com toda a sua devoção!

A perseverança em praticar o bem vai nos concedendo uma confiança tranquila, pois, cada vez mais, sentiremos a sintonia com o Alto.

Viagem ao Mundo Interior

Muitas vezes ansiamos por viajar, conhecer novos lugares, terras distantes, observar belas paisagens, e isso realmente é muito bom!

Mais importante, porém, é empreendermos a viagem ao nosso mundo interior, muitas vezes totalmente desconhecido de nós.

Quantas planícies verdejantes de esperança, quantos jardins floridos de amor, que belo Sol a iluminar o alto de uma montanha radiante de fé.

Tudo isso e ainda mais maravilhas há em nosso íntimo, e nós não desbravamos essa terra, de nós distante, ocupados que estamos com as nossas dificuldades e os nossos defeitos.

Reservemos diariamente alguns instantes para meditar, silenciar a mente e observar o nosso íntimo para, nessa bela viagem ao mundo interior, encontrarmos as belezas colocadas pelo nosso Criador!

Encontro com Nosso Anjo

Todo dia, quando nos preparamos para dormir, também nos preparamos para nos encontrar com nosso anjo amigo.

Esta é a melhor maneira de nos apresentarmos a esse amigo, que tanto faz para nos auxiliar, para nos afastar dos maus pensamentos, das más atitudes, que tanto nos inspira a praticar o bem:

- de face serena por ter cumprido os deveres do dia – dever familiar, dever profissional, dever cristão;

- de coração tranquilo, sem mágoas, sem rancores e sem desejos de praticar o mal a quem quer que seja;

- de semblante feliz e agradecido por tudo o que ocorreu no dia, acontecimentos bons ou ruins, certos de que o Pai sabe o que é melhor para nós. Agradecidos por ver, ouvir, falar, caminhar, pelo lar, pelo conforto material desfrutado, enfim, que cada benção recebida possa ter sido transformada em algo bom em nossas mãos, ao longo do dia.

Dessa forma, como se estivéssemos arrumados para um encontro festivo, ao adormecer, vamos abraçar o nosso amigo, aproveitar para conversar com ele, ouvir suas orientações, esclarecer nossas dúvidas, nos fortalecer mutuamente, para que, ao despertar em um novo dia, nos sintamos aptos para o bem fazer!

Gratidão ao Anjo Amigo

Gratidão pelo dia.
Gratidão pela noite.
Gratidão pela sua companhia,
amigo e protetor da presente encarnação.
Gratidão pela sua devoção!
Que a nossa amizade seja eterna,
como é eterno o amor
que pulsa em meu coração!

Tantas vezes fiz-me surdo aos seus conselhos.

Tantas vezes fiz-me cego às setas que você indicava no caminho a fim de que eu tomasse o rumo certo.

Quantos tropeços isso me causou!

Mas, diante das quedas, a sua mão amiga permanecia estendida a me erguer.

Oh, amigo querido, perdoe-me o trabalho que lhe dou, mas saiba que, de hoje em diante, desejo seguir sempre ao seu lado, confiante em que você é o emissário de Deus no meu caminho. Suas indicações vão me auxiliar a cumprir minha missão.

Hoje e sempre, a você, minha eterna gratidão!

A Verdadeira Religião

Abramos o nosso peito e entreguemos o nosso coração,

transformando-o em um templo de amor.

Essa é a verdadeira religião

que nos religará ao nosso Criador!

A Morte

A morte nunca assusta
àquele que a caridade sempre busca!

Não basta orarmos,
não basta profetizarmos,
não basta ensinarmos,
não basta proclamarmos a nossa fé em altos brados.

Tenhamos caridade uns para com os outros e, assim, nossa própria luz guiará o nosso caminho de passagem para a vida espiritual. Não há trevas que subsistam diante da luz que brilha radiante de amor.

As nossas boas obras são a garantia da paz na vida terrena e a salvaguarda da vida celeste!

Seus Mortos Viverão

Não sai da sua mente a imagem triste do corpo inerte, do caixão cerrado, da lápide gélida. Seu ente amado não mais sorri, não mais o abraça, não mais segura suas mãos, não continua a olhá-lo nos olhos com afeto e devoção.

Você sente o coração apertado ao pensar nisso tudo, quando você deveria sentir-se leve e certo de que, como diz o evangelho, "seus mortos viverão"!

Sim, seus mortos viverão! Sim, seus mortos vivem!

Não é porque não consegue avistá-los que não continuam a sorrir para você, não continuam a abraçá-lo, não continuam a dar-lhe as mãos e ampará-lo, não continuam a olhar você nos olhos com a mesma devoção, com o mesmo amor que transcende todas as dimensões. Não é porque você está no mundo material e eles no espiritual que esse amor infinito deixará de ser sentido.

Esqueça a dor da perda e lembre sempre que você e seu ente amado estarão sempre unidos. Ambos são espíritos imortais entrelaçados pelo amor.

A Conquista do Céu

Céu, inferno, purgatório!

Para onde iremos no instante derradeiro de nossa existência?

Ah! Isso é uma incógnita, poderemos responder. Mas não é não!

Observemos como vivemos e já perceberemos se estamos no céu da consciência tranquila ou no inferno de culpas, remorsos, mágoas, ódios e ressentimentos. Se há em nosso coração uma insatisfação conosco ou com nossos companheiros a ser purgada, isto é, eliminada em um estado chamado de "purgatório".

Céu, inferno, purgatório são estados de espírito que já vivenciamos aqui mesmo na Terra e continuaremos a vivenciar após nosso desencarne.

Queremos conquistar o céu?

Compreendamos que o Pai não é um Deus de cobranças, muito menos de vinganças, mas, sim, de esperanças e que deve inspirar-nos a mais completa confiança.

Dessa forma, confiantes e esperançosos, mas, principalmente, perseverantes no bem, conquistaremos o céu em nosso coração!

“Meu Reino Não É deste Mundo”

Jesus respondeu a Pilatos e este nada entendeu! E nós, compreendemos, de verdade, o que significa essa frase do Mestre?

Ou imaginamos o Reino dos Céus como um lugar perfeito, livre de males e dores e distante de nós?

Para compreendermos essa frase de Jesus, como também muitas outras que ele disse, devemos estar cientes de que não somos somente este corpo material que vemos e tocamos. Somos, na verdade, espíritos imortais e indestrutíveis, habitando, momentaneamente, um corpo material.

Cientes de que somos espíritos, no momento encarnados, compreenderemos o Reino de Deus não mais como um lugar, mas, sim, como um estado de espírito de paz e felicidade interior, decorrente da consciência tranquila.

Ao sentirmos essa paz e a felicidade interior, buscaremos cada vez mais viver assim, não deixando que as tribulações da vida material, os atentados ao nosso orgulho, nos afastem desse estado. Enfrentaremos tudo com mais paciência, pois saberemos ser isso uma experiência de curta duração diante da imortalidade do nosso Espírito.

Até mesmo a morte deixa de ser algo a temer se entendida como a libertação do nosso espírito do jugo da carne.

Por outro lado, aquele que crê somente na vida material vive numa angústia constante, tudo o afeta sobremaneira: perdas materiais, injustiças, orgulho ferido.

Podemos notar o quanto acreditamos na continuidade do nosso espírito pela importância que damos aos bens materiais.

Alguns podem dizer, porém, que, se apenas nos importássemos com o espírito, não haveria progresso material. Não é verdade, pois, até mesmo por instinto, o homem procura o seu bem-estar no meio em que está vivendo. Deus não condena, portanto, os gozos terrenos, mas o abuso deles, em prejuízo da alma.

Todos somos espíritos imortais. A essência divina habita todos. O amor do Pai perpassa todos os seres, nos ligando como elos de uma corrente infinita.

Sintamo-nos conectados nessa corrente de amor e sejamos humildes, caridosos, solidários, isto é, fraternos.

Assim estaremos sempre no Reino de Deus!

A Natureza

Há um ciclo na natureza.

Deus sustenta a vida dando a energia vital necessária aos seres vivos e nisso se inclui o homem.

Todos os seres devolvem algo seu à natureza perpetuando esse ciclo.

Só que, muitas vezes, o homem, levado pelo egoísmo, bloqueia essa continuidade, só tirando e não devolvendo.

Esse ciclo, porém, é contínuo. Como uma roda, vai nos impulsionando a receber e também a doar.

Faz parte da natureza. Compreendamos isso e não mais seremos atropelados por essa roda da vida, mas, sim, a faremos girar espontaneamente!

Compaixão

Tenhamos compaixão uns para com os outros!

Para que isso ocorra, saibamos que compaixão é compreensão com amor.

Compreendamos o homem violento, pois ele desconhece o amor.

Compreendamos o homem irritado, intransigente, pois ele desconhece a paciência e a tolerância.

Compreendamos o homem que reclama de tudo e de todos, pois ele desconhece a paz advinda do entregar-se à Vontade Divina.

Compreendamos o homem triste, pois ele desconhece a alegria do Criador, presente na natureza em festa.

Compreendamos o homem temeroso, pois ele desconhece a força que o Pai pôs dentro dele, tornando-o capaz de resolver suas dificuldades.

Compreendendo nossos companheiros com suas limitações, desenvolveremos a compaixão, cientes de que somos todos iguais, filhos do mesmo Pai! Nós mesmos estamos à volta com as nossas próprias limitações e nem sempre conhecemos todas as virtudes que o Criador deixou à nossa disposição.

Carta a um Deserdado da Sorte

Prezado amigo!

Você se sente um deserdado da sorte porque não tem um lar. Sim, é difícil não ter esse aconchego, mas lembre-se de que a natureza o envolve e faz do bosque seu lar amigo.

Você se sente um deserdado da sorte porque não tem uma família ao seu lado e esquece que somos todos filhos do mesmo Pai. Portanto, qualquer companheiro que se encontre a seu lado é seu irmão, faz parte da sua família. Acolha-o em seu coração, e você espantará a solidão.

Você se sente um deserdado da sorte, pois não desfruta de prazeres mundanos.

Mas olhe: você tem o Sol a aquecê-lo, você tem a água a refrescá-lo, você tem o ar a preenchê-lo. Se você parar para observar, verá que esses simples prazeres são maiores que os que o mundo pode dar.

Você se sente um deserdado da sorte porque vive sem amor, mas esquece que o amor também não vive sem você. Abra-se a ele e verá que não é um simples deserdado, mas, sim, um herdeiro do Reino de Deus!

Evitando a Dor

A dor surge quando nos distanciamos do amor!

Pensamos em mil modos de evitar a dor, quando deveríamos pensar nas muitas maneiras de vivenciar o amor.

Queremos evitar a dor da solidão?

Amemos nosso irmão!

Queremos evitar a dor física?

Amemos nosso trabalho!

Queremos evitar a dor moral?

Amemos nosso dever!

Queremos evitar a dor da angústia, do medo?

Amemos nosso Criador!

Queremos evitar a dor do ódio?

Amemos, amemos cada vez mais e a dor da falta de amor nunca mais habitará em nós!

As Etapas da Vida

Quando nascemos, frágeis, chorosos, tão pequeninos que somos, tão inseguros diante da nova existência que vem com suas provas e expiações e da qual não sabemos se sairemos vencedores ou vencidos, lá está o Pai, nos recebendo com o seu abraço de amor.

Quando criancinhas, tão dependentes de outros para comer, beber, nos locomover, tão carentes de afeto e instrução, também somos amparados pelas mãos do Pai com todo o Seu amor.

Quando jovens, tão inquietos diante da vida, muitas vezes rebeldes e irreverentes, outras vezes carentes e inseguros, novamente o Pai continua nos envolvendo em Seu amor.

Quando adultos, cheios de compromissos e responsabilidades, sem tempo até mesmo de sentir o amor, o Pai derrama esse mesmo amor abundantemente sobre nós, nos acalmando a mente e o coração.

Quando na velhice, o corpo cansado, dolorido, necessitando do repouso, pressentindo a partida próxima, temendo a dor e a despedida, o que nos espera é o mesmo abraço de amor do nosso Pai Criador.

As etapas se sucedem em dores e alegrias. Vivê-las com a certeza no coração de que estamos amparados pelo amor do Pai que nos concedeu a vida já nos é suficiente para completá-las com coragem e fé!

O Louvor

Que o nosso louvor seja a prática do amor!

Aprendemos que, como criaturas, temos o dever de louvar o nosso Criador.

Para alguns, isso significa dizer palavras bajuladoras à Divindade, como se o Pai necessitasse disso para nos apreciar!

Para outros, isso é motivo de discórdia, pois não concordam com essa obrigação, se sentindo até mesmo inferiorizados.

Em essência, nenhuma dessas posturas demonstram a nossa gratidão diante de um simples fato: sem o Criador nos concedendo a vida e nos sustentando o viver, nós nada seríamos.

Essa gratidão poderá ser demonstrada através da prática do amor: auxiliando nossos companheiros, desculpando suas falhas, aceitando suas limitações. Sabendo ouvir, falando somente o que seja bom e útil, empregando o tempo em trabalhos construtivos que visem o bem de todos, cuidando da natureza, dos animais, das plantas, tudo fazendo com dedicação e alegria.

Isso é louvar a Deus e em nada nos diminui, pois esse louvor é a oportunidade também que o Pai nos dá de sermos coautores da Sua obra, derramando o Seu amor nas Suas criações que se encontram ao nosso redor.

A Arte de Ser Útil

Como é belo ver corações unidos no desejo de servir!

Há tantas maneiras de auxiliar o nosso próximo: vibrando amor, usando a palavra para edificar, utilizando as mãos para fazer algo proveitoso para os nossos companheiros.

Portanto, não há quem possa dizer que útil não saiba ser!

Observemos os nossos dons, os nossos talentos e coloquemo-los em ação para que eles frutifiquem.

Oh! Como será triste nos apresentarmos diante do Pai com o nosso dom enferrujado pela falta de uso! O que iremos dizer quando Ele nos perguntar o que fizemos do talento recebido?

Sejamos úteis, e nossas mãos serão abençoadas, nosso trabalho será próspero! Quantos serão beneficiados pelas nossas obras! Os primeiros, porém, a se beneficiar seremos nós mesmos!

Sejamos úteis, eis o caminho da nossa redenção!

Força de Vontade

Use a sua força de vontade e firme o seu pensamento na luz e no bem.

Utilize a sua força de vontade e firme os seus sentimentos no amor e na caridade.

Pensando no bem e na luz, sentindo amor e caridade, firmando também a sua vontade na confiança plena no Pai, você caminhará para sua predestinação: ser feliz!

Nossas Conquistas

A paz nós conquistamos nos afastando da violência.

A saúde nós conquistamos buscando a pureza interior e exterior.

A alegria nós conquistamos sorrindo diante de todas as situações.

A paz, a saúde e a alegria que tanto bem nos fazem e que tanto almejamos são, no fundo, conquistas de cada dia.

O Trabalho e os Melindres

Quando iniciamos um trabalho e nos empenhamos em bem executá-lo, muitas vezes surgem elogios e, em outras vezes, críticas.

Se em nosso coração há somente o desejo de bem servir, nem o elogio nem a crítica nos afetarão. Se, porém, há vaidade nossa em relação à obra executada, o elogio fará com que nos envaideçamos ainda mais, e a crítica irá nos afetar sobremaneira, fazendo com que surjam os melindres.

Deixando esses melindres crescerem, às vezes, abandonamos a obra, afetando os que poderiam se beneficiar do trabalho, mas, principalmente, prejudicando a nós mesmos, pois deixamos de crescer com a atividade que foi por nós abandonada.

Lembremos Paulo de Tarso que, quando decidiu seguir os ensinamentos do Mestre Jesus, foi esquecido pela família, desprezado pelos amigos, criticado duramente pelos companheiros do Judaísmo, tido por louco por muitos.

Tudo isso lhe causou muitas tristezas, mas, em um dia grandioso, Paulo foi aprovado pela espiritualidade superior para iniciar suas viagens missionárias, levando o evangelho a toda parte. Sentiu uma felicidade tão grandiosa e tão intensa que todas as dificuldades pelas quais passou, todo o desprezo e abandono que sentiu, todas as críticas e caçoadas que recebeu, tudo isso ficou tão pequeno diante da alegria imensa de ser aprovado como trabalhador do Cristo, de sentir que o Mestre o aceitou como servidor útil.

Deixemos de lado nossos melindres, não dando tanta importância ao que importância nenhuma tem!

Jamais prejudiquemos a obra por causa desses melindres e saibamos que esses pequenos infortúnios nada são diante da felicidade gloriosa de saber que Jesus conta com a nossa colaboração para auxiliar nosso irmão!

Os Verdadeiros Necessitados

Agradeçamos ao Pai a alegria de poder ver e vibremos por aqueles que são deficientes visuais e não têm a ventura de observar a face de quem amam. Vibremos, porém, por aqueles que são deficientes morais da visão e não conseguem ver o bem em nada.

Agradeçamos ao Pai a alegria de poder ouvir e doemos essa alegria àqueles que não conseguem ouvir o canto dos pássaros, a voz, o riso daqueles que lhes são queridos. Vibremos, porém, mais intensamente, por aqueles que fecham seus ouvidos às boas orientações e só escutam o mal.

Agradeçamos ao Pai a alegria de falar, lembrando sempre de vibrar por aqueles que são deficientes da fala e não conseguem articular sequer uma palavra. Vibremos, porém, ainda mais amor por aqueles que usam a palavra para articular o mal.

Agradeçamos ao Pai poder caminhar, vibrando por aqueles que têm as pernas inválidas e não conseguem andar sozinhos. Mais necessitados de nossa força, porém, são aqueles cujas pernas são vigorosas, mas vacilam e seguem o caminho tortuoso dos vícios e defeitos.

Nós que desfrutamos a ventura de ver, ouvir, falar, caminhar, doemos amor aos deficientes físicos que são privados desse prazer, mas jamais esqueçamos que os verdadeiros necessitados, que carecem ainda mais do nosso amor, são os deficientes morais que não conseguem ver, ouvir, falar, nem caminhar no bem!

Ingratidão

Ingratidão! Causa revolta, mágoa, ressentimento, vontade de esclarecer a situação, relacionando todos os fatos conforme a nossa versão.

Mas toda situação tem dois lados, cada qual, muitas vezes, desconhecido um do outro. Sim, nós não sabemos os laços que nos unem e quão complexas são as relações que vivemos, recheadas de frutos que colhemos hoje vindos do passado semeado.

Aja corretamente com todos como indica a sua consciência, pois, se o bem e o certo já imperam em seu ser, não deixe que a ingratidão tire a paz do seu coração!

"Paz na Terra aos Homens de Boa Vontade"

"Paz na Terra aos homens de boa vontade." Acreditamos que essa frase se refere aos homens trabalhadores, e isso também é verdade, mas podemos estender essa boa vontade aos nossos relacionamentos.

Boa vontade significa ter tolerância, paciência, indulgência com os nossos companheiros, isto é, que pratiquemos verdadeiramente o amor entre nós.

Se quisermos que a paz habite em nossos corações, que tenhamos boa vontade uns para com os outros.

Reconciliação

Você ouviu o que o Mestre Jesus disse: "Quando estiverdes diante do altar do Senhor e aí te lembrardes que tens algo contra o teu irmão, deixa tua oferta e vai reconciliar-te primeiro com teu irmão para depois, então, apresentar a tua oferta a Deus".

Jesus deixou bem claro: "Deixa a tua oferta e vai reconciliar-te", pois cientes de que o Pai Criador está em toda a Sua criação, ao guardarmos raiva, rancor, desejarmos o mal a um companheiro, é do próprio Pai, que está em essência em nosso irmão, que estamos nos afastando.

Estendendo esse raciocínio também a nós, quando não nos perdoamos, quando não nos reconciliamos conosco mesmos e vivemos em meio a culpas e remorsos, também nos afastamos da nossa essência divina.

Reconciliarmo-nos equivale a dizer: façamos a nossa parte! Vibremos amor, desejemos o bem a quem nos feriu! Mesmo que o outro não se importe com a reconciliação, fazendo a nossa parte, sentiremos o coração em paz, sentiremos a integração com a vontade divina e viveremos melhor!

Luz que Brilha em seus Olhos

Deixe que a luz brilhe em seus olhos e verá seus companheiros de jornada iluminados pelas virtudes que todos têm e não obscurecidos pelos defeitos que também todos nós carregamos.

Deixe que a luz brilhe em seus olhos e verá que a sua rotina diária está repleta de situações prazerosas que se transformam num enfado toda vez que você insiste em ver o lado negativo delas.

Deixe que a luz brilhe em seus olhos e dessa forma, como um farol, essa luz guiará seus passos, e toda a sua jornada será iluminada!

Quer luz em seu viver?
Busque a luz em tudo ver!

Nas Mãos de Deus

Quando ouvimos a frase "entrega nas mãos de Deus", em nosso íntimo desejamos que o Pai venha retirar as dores que estão nos incomodando.

Mas isso não é possível! O real significado dessa frase é a entrega à vontade de Deus. Quando conseguimos nos entregarmos desse modo, sentiremos toda a Sua força, todo o Seu amor, toda a Sua luz, o Seu discernimento, a Sua sabedoria, a Sua paz e a Sua serenidade a nos percorrer. Então seremos capazes de tudo resolver.

Os problemas mais complicados irão se tornando simples. A nossa mente tão tumultuada vai se acalmando. A nossa face tão conturbada vai se suavizando. Os nossos ombros tão pesados e doloridos vão se tornando leves como se estivessem sustentados por um abraço. O nosso coração que batia tão acelerado, agitado, vai entrando no ritmo, em plena harmonia.

Enfrentemos a vida com coragem e determinação, certos de que o amor do Pai nos envolve, e a fé, que transporta montanhas de dificuldades e impedimentos, habitará em nosso coração!

Satisfação

Como é triste viver insatisfeito! Nada está bom, as pessoas não são aquilo que gostaríamos, o nosso trabalho não é o que sonhávamos, a comida está sem sabor, o clima não nos agrada!

Ah! Se pudéssemos ver quantos dariam tudo para estar em nosso lugar, com certeza trocaríamos essa insatisfação crônica pela gratidão ao nosso Criador, que tudo nos concede:

Satisfaz nossa sede nos concedendo a água fresca;

Satisfaz nossa fome nos concedendo os alimentos que a natureza proporciona;

Satisfaz nossa necessidade de energia nos concedendo o ar e a luz do Sol;

Satisfaz nossa necessidade de afeto nos concedendo companheiros de jornada, amigos, familiares;

Satisfaz nossa necessidade de beleza nos concedendo as visões da natureza, como o nascer e o pôr do sol, as flores coloridas;

Satisfaz nossa necessidade de alegria nos concedendo o canto melodioso dos pássaros.

Sejamos gratos pelo imenso amor com que somos envolvidos pelo nosso Pai Criador!

O Ritmo da Vida

Você corre, pensa, planeja.

Tudo em excesso!

Quer acelerar os acontecimentos da vida com seu pensamento a fim de verificar se sairão como planejado por você.

Na verdade, está a atropelar o ritmo de seu aprendizado e de seus companheiros com atitude tão descompassada!

Dê um passo de cada vez, sentindo o chão em que pisa, isto é, aprendendo com cada situação do caminho.

Esse pensamento acelerado faz com que esteja sempre um passo à frente. Acha que isso é vantajoso, pois com isso considera coordenar compromissos e acontecimentos da maneira mais prática e ideal.

Quanto equívoco! Nem sempre o que foi planejado é o que acontecerá, e isso causa frustração. Se aprendesse a confiar no que a vida reserva a você, perceberia que ela sempre traz o melhor, o que é perfeito para o seu crescimento, sempre ao tempo ideal.

Você acha que o que tinha planejado é que era perfeito e, na sua insatisfação, deixa de compreender o aprendizado da nova situação, jamais por você imaginada!

Esse hábito pernicioso de viver com a mente agitada sacrifica o corpo físico e não acrescenta nada ao seu viver, pois tudo continuará a ocorrer no ritmo ditado pela vida e não por você.

Aprenda a viver atento, porém tranquilo. Sempre observando e aprendendo com o momento da vida, com cada situação realmente vivida!

E aguarde com calma, que a vida sempre lhe trará o melhor, mesmo que jamais passe em sua mente a forma como esse melhor chegará até você!

Serenidade no viver:

Assim você poderá melhor aprender,

Conseguirá com os outros melhor conviver,

Sentirá seu corpo funcionando no mesmo ritmo que a vida dentro dele está pulsando!

Saúde e paz em você sempre há de encontrar

Pois, finalmente, ao ritmo da vida, aprendeu a se entregar!

Sinta seus ombros a relaxar

Sinta seu coração a se tranquilizar

Seu estômago, no momento certo, parar de digerir

Sinta seu sangue a fluir

Sinta o ar aos pulmões realmente preencher

Sinta como é bom o seu viver!

Perfeição

Antes que se processe a evolução, há que se conviver com perfeição e imperfeição lado a lado em nosso coração!

"Sede perfeitos como vosso Pai Celestial é perfeito", nos recomendou Jesus.

"Quando há o bem desejado em meu coração, ainda o mal prevalece", nos afirma Paulo de Tarso, demonstrando sua luta interior entre o bem e o mal, entre a perfeição e a imperfeição.

Essa situação conflitante está em nós, quer aceitemos, quer não. Essa situação conflitante está em nosso próximo, manifestada em suas palavras e ações, quer isso nos agrade, quer não.

Esse conflito surge em nossa cidade, estado, país, planeta, no mundo à nossa volta, manifestado em situações de fraternidade imensa e em outras, de violência extrema. Não aceitar esse fato só nos trará revolta e insatisfação.

Compreendamos que a nossa humanidade ainda é suscetível de uma perfeição relativa e lembremos sempre que, conforme nos orientou o Mestre Jesus, o que mais pode nos aproximar da Divindade é o amor e a caridade!

O Passado

Do passado apenas deve ser lembrado o aprendizado decorrente do erro praticado.

Do passado apenas devem ser lembrados o carinho e a amizade do ente amado, mesmo que ele não esteja mais ao seu lado.

Do passado apenas devem ser lembrados o bem recebido e também o praticado.

Tudo o mais há que ser superado!

O Pedido

“Aonde você for, leve o meu amor.” Esse foi o pedido que o Pai nos fez ao nos criar e assim iniciamos a nossa jornada.

Quantas vivências, quantos caminhos percorridos, quantas paradas, quantos entraves, quantos erros cometidos, quantos desatinos, quantos ódios e mágoas, quantos medos e dúvidas, quantos remorsos e culpas! Quando só o que Ele nos pediu foi para que levássemos o Seu amor!

Mas isso já é passado. Agora despertos, tomemos o rumo certo, sintamos o pedido que pulsa em nosso ser e vamos atendê-lo com coragem e determinação, levando o amor a todo irmão.

Na família, entrelacemos as mãos e os corações, auxiliando-nos mutuamente a crescer.

No trabalho, amemos o dever, amemos o servir e, dessa forma, desenvolvendo-nos em união.

No meio religioso, entreguemos o nosso coração a cada irmão sem reservas, pois é com esse amor derramado que iremos elevar nossos companheiros e também a nós mesmos.

Em cada agrupamento do qual participarmos teremos sempre algo a doar e algo a receber, teremos algo a ensinar e algo a aprender. Gratos por essa interação, nos permitindo amar e crescer juntos, regressaremos ao Pai e poderemos afirmar jubilosos:

"Pai, atendi ao Seu pedido, levei o Seu amor aonde fui, levei-o a cada irmão que encontrei!"

O Fluxo

Coração que bate acelerado
por tanto amor represado,
impedido de se expandir!
Tanto choro que pode ser secado
deixando esse amor fluir!

Flui a água pelo leito do rio,
passa ligeira pela areia,
perseverante pela pedra,
não se importa se carrega a sujeira,
vale mais seguir a corredeira,
pois, quando menos se espera,
tornou-se a mais bela cachoeira.

Por que represar o fluxo de amor em você?

Sinta a força querendo se expandir, sinta a pressão exercida sobre você mesmo, causando desarmonia. Por quê?

Deixe fluir esse amor grandioso que há em você!

Ele carregará as pedras, transformando-as, por fim, em areia fofa e macia.

Ele limpará a "sujeira", carregando-a pela corredeira, transformando-a em águas límpidas de paz.

Ele será a cachoeira que revigora e purifica a alma daqueles que se deixam banhar em suas águas.

Seja essa cachoeira: derramando o amor que há em seu peito e sentindo o alívio e o frescor que isso proporcionará à sua alma!

Seja Livre!

Como é bom ser livre!

Caminhar livremente pelos jardins, em contato prazeroso com a Natureza!

Podemos pensar em como é maravilhoso não estar preso em um leito de hospital, não estar fechado em um asilo, em um orfanato. Ou, ainda, enclausurado em uma cela de prisão.

Há também quem se encontre preso nas amarras do ódio, do rancor, da mágoa, do medo. Prisão sem grades, mas que limita mais a liberdade de viver do que qualquer penitenciária de segurança máxima.

Prisão do alcoolismo, das drogas, que faz com que seus detentos vivam presos a uma realidade inexistente, fugindo da verdadeira.

Ah, como desejamos ser livres!

O Pai nos criou para sermos livres.

Como anjos voando livremente, prazerosamente, nas asas do amor.

O Pai nos criou para AMAR!

Como é dito no evangelho – "Se tiverdes amor, tendes tudo o que mais se pode desejar na Terra, pois tereis a pérola sublime que nem as mais diversas circunstâncias nem os malefícios dos que vos odeiam e perseguem poderão jamais arrebatar. Se tiverdes amor, tereis colocado o vosso tesouro onde nem a traça nem a ferrugem o devoram, e vereis desaparecer insensivelmente da vossa alma tudo o que lhe possa manchar a pureza. Dia a dia sentireis que o fardo da matéria se torna mais leve. E como um pássaro que voa nos ares e não se lembra da terra, subireis incessantemente, subireis sempre, até que a vossa alma, inebriada, se impregne da verdadeira vida, no seio do Senhor!".

Eis a verdadeira liberdade: a sintonia com o Pai Criador, que é a vivência do amor e o cumprimento dos deveres, não porque lhe sejam impostos, mas porque se tornaram o seu livre querer!

Seja livre!

Outra Obra de Erika Grothge Faria

128 páginas
11x15 cm

As mensagens deste livro não trazem uma receita de como ser feliz, mas nos auxiliam a refletir sobre pontos que podem ajudar a fixar a felicidade em nosso coração.

Aliança